# ÉLOGE
## DE
# LA SOLOGNE

PAR

M. DELOYNES DE GAUTRAY

DEUXIÈME ÉDITION

Orléans

IMPRIMERIE DE CONSTANT AINÉ

Rue Nationale, 5, près le Pont.

1851

## AVANT-PROPOS.

Lorsque ce petit écrit a paru en 1820, l'auteur se proposait de réhabiliter la Sologne dans l'esprit de ses lecteurs, et ce but était justifié par les heureux changements qui déjà s'étaient opérés dans le misérable état de ce pays. En effet, plusieurs propriétaires y avaient fait avec succès des essais de nouvelle culture ; la science s'associait à leurs travaux et le gouvernement les favorisait. Cependant, l'*Éloge de la Sologne* pouvait en quelque sorte être considéré alors comme un éloge anticipé et qui s'adressait plutôt à son avenir qu'à son état présent. Mais ce qui n'était que partiel s'est généralisé, et dans ce moment particulièrement tout annonce que d'heureuses réalités vont succéder à de simples espérances ; la protection du gouvernement est plus manifeste, et les conseils de la science seront plus efficaces, donnés par ce congrès qui doit la représenter à Orléans.

Aujourd'hui encore une circonstance particulière se joint aux autres causes qui ont fait entrer la Sologne dans cette voie de progrès : le séjour des villes a moins d'attraits, on recherche le calme des champs ; et, en effet, depuis quelques années nous n'avons eu que trop d'occasions d'en connaître le prix. Les châteaux ont donc plus fréquemment revu leurs maîtres ; ceux-ci, en établissant leur habitation à la campagne lui portent en échange de la paix qu'ils y trouvent tous les avantages de leur présence, et il est certain que ces avantages sont plus grands pour la Sologne à raison des travaux dispendieux que nécessitent les utiles transformations que l'on fait subir à son sol.

On peut ajouter ici une autre réflexion : les dispositions pacifiques des populations de la campagne sont dues en partie aux relations familières qui se forment entre le château et la ferme ; au milieu des soins communs donnés aux détails des travaux agricoles, il est incontestable que l'antagonisme entre les classes supérieures et les classes inférieures s'affaiblit, et que des liens d'affection mutuelle unissent l'habitant du château et l'habitant de la ferme ; ce dernier, en voyant de plus près les soucis qui souvent accompagnent la richesse, apprécie mieux les compensations qui égalisent les diverses positions sociales. Or, cet autre résultat favorable de séjour des propriétaires se fait surtout sentir en Sologne par suite du caractère de ses habitants. Si des conditions trop onéreuses ne leur sont pas imposées, la modération de leurs désirs, en éloignant d'eux les convoitises envieuses, permet au propriétaire même, avec une fortune bornée, de jouir du plaisir de voir le bien-être et le contentement dans les familles qui l'environnent.

Malgré l'aspect nouveau sous lequel se présente aujourd'hui la Sologne, on n'a fait à ce petit écrit que de légers changements. Le lecteur pourra lui-même comparer ce qui existe à ce qui a été écrit en 1826. Il verra que la Sologne n'a pas trompé les espérances que l'on fondait sur elle en faisant d'avance son éloge, et d'après les progrès du passé il pourra calculer ceux de l'avenir.

# ÉLOGE DE LA SOLOGNE.

Depuis quelques années, l'agriculture a fait diverses tentatives d'améliorations en Sologne, et elles ont été heureuses; mais les résultats avantageux obtenus par ceux qui ont hasardé ces innovations, n'ont été regardés que comme le triomphe de l'industrie sur une terre ingrate; les admirateurs de leurs essais n'en sont pas moins restés les détracteurs de la Sologne. Il faut enfin répondre aux reproches qui lui sont adressés, et rappeler tous les avantages de sa possession; assez d'autres ont parlé de ses inconvéniens. Faire l'éloge de ce qui jusqu'à ce jour a été un objet de dédain, et présenter comme une source de jouissances et de richesses un pays dont le nom est le synonyme de misère, telle est la tâche que l'on s'impose ici. Pour la remplir, ce pays sera considéré d'abord sous le rapport de l'utilité, et ensuite sous celui de l'agrément.

On a donné le nom de Sologne (1) à une contrée

(1) Lemaire, auteur de l'*Histoire d'Orléans*, fait dériver le nom de Sologne de *Secale* (seigle), de *Sabulum* (sable), ou de *Siligo* (espèce de froment), dont il forme *Secalonia*, *Sabulonia* et *Siligonia*.

située dans les deux départements du Loiret et de Loir-et-Cher, et qui s'étend d'une part depuis Gien jusqu'à Blois, d'autre part depuis Vierzon jusqu'au coteau qui borne le Val-de-Loire. Son sol est formé d'une faible couche de terre végétale, semblable dans quelques cantons à un sable très-fin, dans d'autres à de la cendre, et supportée par un lit de glaise très-épais.

Un tel pays semble devoir être condamné à la stérilité, et c'est en effet le sort de la Sologne quand l'industrie ne remédie point aux imperfections de son sol : dans les temps humides, les eaux qui ne peuvent pénétrer à travers la glaise restent à la superficie et l'inondent ; dans les chaleurs, la terre peu profonde, sans consistance, imbibée par ces eaux qui l'ont couverte si longtemps, se dessèche et se durcit promptement ; mais cette terre qui paraît si peu propre à la culture, devient cependant très-productive quand on ne lui refuse point les soins convenables, surtout quand la main de l'homme donne un cours artificiel aux eaux qui lui nuisent, et lève ainsi le principal obstacle que la nature avait mis à sa fécondité.

Des fermes exploitées par leurs propriétaires ou par des laboureurs intelligents en offrent la preuve, et on la trouve encore dans l'ancien état de la Sologne : ce pays n'a pas toujours été pauvre ; des moulins détruits, des maisons abandonnées, des traces d'anciens vignobles, indices d'une nombreuse population qu'il a perdue, attestent qu'en d'autres temps il a été assez riche pour la nourrir ; les relevés de dîmes et de champarts donnent même à cet égard des renseignements certains.

Dans un Mémoire sur la Sologne, composé par M. d'Autroche pour la Société royale d'Agriculture d'Orléans, on trouve ce qui suit :

« Le Chapitre royal de Saint-Aignan possède dans « plusieurs paroisses de Sologne un champart dont « l'étendue n'a pas varié, et qui, depuis 1500, d'a- « près les tableaux qu'il a bien voulu me commu- « niquer bail par bail, a toujours été afferme en « grains, ce qui constitue évidemment l'état de la « culture dans les différents règnes. Ce champart, « sous Louis XII, était affermé 80 muids de blé-sei- « gle, mesure de Beaugency ; en 1760, il ne l'était « plus que 25. »

Il résulte de ces observations que la Sologne, il y a 300 ans, récoltait trois fois plus de blé-seigle qu'aujourd'hui (1) ; cependant son sol est toujours le même ; il n'a éprouvé aucune grande révolution qui ait pu changer sa nature ; sa stérilité ne doit donc être attribuée qu'à des causes accidentelles. L'une de ces causes est incontestablement l'excès des impôts. Il faut aussi compter parmi elles les ravages

(1) A la suite du passage ci-dessus cité, l'auteur ajoute : « Nous ne devons pas laisser ignorer que, depuis les exemp- » tions accordées aux défrichements et surtout la liberté » du commerce des grains, le fermage du champart est » remonté à 32. » Depuis cette époque, il a encore été fait des améliorations dans quelques cantons ; mais on convient qu'en général l'état de la Sologne n'a pa changé depuis 50 ans.

de la guerre : le nom d'Orléans se retrouve à toutes les époques désastreuses de notre histoire ; depuis le règne de Louis XII, elle a été exposée à tous les désordres des guerres de religion, et le voisinage de cette ville a sans doute été funeste à la Sologne (1).

Mais, quelle que soit l'origine de son appauvrissement, on conçoit qu'il a dû être rapide à raison des frais d'entretien dont la propriété y est chargée, et surtout par suite de sa division en domaines peu considérables. En effet, dans une petite exploitation les dépenses sont relativement plus fortes, ces dépenses restant à peu près les mêmes malgré la diminution des récoltes, les propriétaires de la Sologne ont dû sentir promptement la disproportion des frais au revenu et la nécessité de réunir plusieurs domaines. On a détruit une multitude de petites locatures

---

(1) On trouve dans plusieurs parties de la Sologne des monticules qui semblent être des monuments des guerres dont elle a été le théâtre. Dans les titres les plus anciens, ils sont désignés sous le nom de *Tombelles*, ce qui indique qu'on les regardait comme de vastes tombeaux auxquels les grandes destructions de la guerre pourraient seules avoir donné l'existence. Des fouilles faites dans ces tombelles n'ont cependant rien présenté qui appuie cette supposition. Peut-être ces fouilles n'ont-elles pas été assez profondes ; si ces amas de terre ont été tirés de grandes excavations qui auraient été remplies de cadavres et recouvertes ensuite par ces terres, l'affaissement du monceau des corps a dû porter leurs débris à une grande profondeur.

On pourrait trouver une autre origine à ces monticules dans un usage établi chez les Gaulois. César rapporte dans ses Commentaires que ces peuples allumaient des feux sur les lieux élevés pour annoncer au loin quelque grand événement, en répétant ces feux de proche en proche. Ces monticules auraient été alors une sorte de télégraphes.

pour se débarrasser de l'entretien de leurs bâtiments et augmenter l'étendue des fermes dont elles dépendaient. Celui qui ne possédait qu'une petite ferme, dans l'impossibilité de faire ces réunions, l'a vendue au propriétaire voisin : nouvelle cause de décadence; car si la division des propriétés a ses inconvénients, elle a certainement ses avantages pour des propriétaires mal aisés ; ce qui était difficilement entretenu par deux maîtres pauvres, l'est plus difficilement encore par l'un d'eux seul.

Après avoir réuni les locatures aux petites fermes, on a réuni celles-ci aux grandes fermes ; une partie des terres cultivées a été abandonnée, afin de n'avoir plus à supporter les frais de curage de leurs fossés : elles se sont couvertes de bruyères, sont devenues des marécages, et ont réduit la Sologne à la situation dans laquelle nous la voyons aujourd'hui, composée de fermes d'une grande étendue et d'un revenu presque nul.

Cependant les colons de ces domaines appauvris, loin de recevoir quelques soulagements dans le paiement des charges publiques, en ont plus que jamais ressenti le poids. Les deux principaux impôts alors perçus leur étaient particulièrement funestes : la gabelle, à raison du nombre de domestiques qu'ils étaient contraints d'employer à la garde de leurs troupeaux ; la taille, par son mode de répartition. Cet impôt, supporté par le fermier et non par les terres, ne suivait pas les variations de leur produit ; établi sur chaque chaque canton de la province dans une proportion qui ne changeait jamais, il devenait une charge accablante pour la ferme à laquelle une ferme voisine avait été jointe, et qui se trouvait ainsi grevée de deux contingents. L'inégalité qui régnait entre la Sologne et les autres parties de l'Orléanais, sous le rapport de l'impôt, était telle, que la Sologne payait trois fois plus que la Beauce, comparativement à son revenu (1).

Cette situation déplorable a encore été aggravée par la paresse des cultivateurs de la Sologne; non que ce vice soit particulier au caractère de ses habitants, mais parce qu'il accompagne ordinairement sa pauvreté. Ce que la misère et l'indolence ont fait, la richesse et l'activité peuvent cependant le réparer; l'excès du mal même rend le remède plus facile.

Le propriétaire d'un domaine de Beauce ne peut espérer d'en améliorer la culture; le point de perfection qu'elle y a atteint rendrait ses tentatives inutiles. Quelle récompense attendre à cet égard d'un sol où tous les essais ont été faits, toutes les méthodes employées, tous les produits éprouvés? d'ailleurs, le prix des terres y rend ces expériences très

---

(1) Le Mémoire cité ci-dessus contient encore, à ce sujet, les renseignements suivants : « Dans un terre de Sologne, susceptible peut-être d'être affermée 9000 liv. sans fourniture de cheptel, la contribution exacte des 32 métayers et locataires qui l'exploitent était, en 1781, de 3550 liv. pour la taille; la consommation du sel, dans les 32 ménages, montait à 2280 l., et celle du tabac à 160 l., total 5990 liv. Dans une terre de Beauce, supposée de la valeur de 15,864 liv., les fermiers payaient, à la même époque, 2200 liv. de taille, la gabelle leur coûtait 946 liv., le tabac 141 liv.; total 3198 liv. »

dispendieuses. La Sologne, au contraire, encourage l'agriculteur dans ses innovations ; le peu de valeur de la terre permet de les faire sans de grands frais ; la culture est telle dans la partie qui y est consacrée, qu'elle assure presque le succès à toutes les épreuves qu'on hasardera ; et les champs incultes, engraissés depuis tant d'années par les débris des bruyères, des herbes et des autres végétaux, n'attendent que les travaux d'un maître riche pour développer tous les germes de fécondité.

Le propriétaire qui se livre à l'exploitation d'un domaine de Sologne, qui, dans cette entreprise, a tous les avantages que donnent l'instruction sur l'ignorance et l'opulence sur la pauvreté, renouvelle en quelque sorte le spectacle qu'offrent les peuples policés dans ces contrées où leurs arts n'avaient pas encore pénétré : à sa voix et comme par enchantement les landes disparaissent ; les terrains marécageux se dessèchent ; une végétation nouvelle, remplie de force et de vie, sort de ces plaines où tout était faible et languissant. Les personnes qui ont habité la campagne savent que la vue d'une riche moisson est agréable à l'homme, même quand il n'en est pas le propriétaire. Quel charme doit donc avoir l'aspect d'un sol bien cultivé, pour celui qui non-seulement en est le propriétaire mais en quelque sorte le créateur ! quel intérêt les travaux de l'agriculture doivent lui inspirer ! C'est principalement pour le riche colon de la Sologne que ces travaux eux-mêmes sont des plaisirs. Si c'est un de ces hommes éclairés qui viennent en Sologne faire l'application des théories de l'art agricole, avec quelle satisfaction il associera la gloire de la science à ses triomphes d'agriculteur.

Ce tableau des métamorphoses que l'industrie peut faire subir à la Sologne n'est point un tableau fantastique ; il n'est aucune merveille qu'un propriétaire riche et intelligent n'y opère, surtout s'il peut fertiliser ses terres par le mélange de la marne. Cette substance, composée de terre calcaire et d'argile, convient aux champs froids et humides de la Sologne, quand la terre calcaire y domine (1). Son emploi n'est pas trop dispendieux ; on peut estimer à 60 fr. (2) le prix et le transport de la marne nécessaire pour l'engrais d'un arpent éloigné d'une lieue de la marnière. Cette dépense suffit pour améliorer durant un grand nombre d'années le terrain auquel

---

(1) Cette marne, appelée *crétacée*, contient plus de pierres que les autres ; la première année du marnage, on voit beaucoup de ces pierres répandues çà-et-là sur le terrain. Elles s'exfolient, diminuent successivement chaque année, et enfin il ne reste plus que ce petit gravier blanc qui indique les terres marnées. Quelques laboureurs croient que l'effet de la marne ne dure qu'autant de temps qu'il reste de ces pierres non encore fondues ; mais dans les terres marnées et bien soignées, l'effet de la marne est encore sensible lorsque depuis longtemps il n'existe plus de ces pierres.

(2) Le prix d'une toise cube de marne, tirée de la marnière, est d'environ 12 fr. ; une toise et demie suffit pour l'engrais d'un arpent. Les 50 poinçons qui y sont contenus peuvent être transportés par 12 voitures d'un attelage de 3 chevaux de Sologne. A la distance d'une lieue, ce transport peut être opéré en quatre journées, lesquelles estimées 10 fr. chacune, et jointes aux 18 fr. d'achat et du travail de l'ouvrier, forment 58 fr.

elle est consacrée : si l'on n'abuse point de la fertilité qu'il a reçue, s'il n'est ensemencé en blé que tous les deux ans au plus et qu'alors il soit cultivé et fumé convenablement, l'effet de la marne peut s'y faire sentir vingt et trente ans. Ce laps de temps écoulé, le sol a besoin de repos. L'étendue des fermes de Sologne permet de faire sur d'autres terres une semblable opération ; on peut même la renouveler sur la partie déjà marnée après sept ou huit années d'interruption de culture.

Dans les cantons auxquels l'usage de la marne est interdit à raison d'un trop grand éloignement, les défrichements offrent encore de puissants moyens d'améliorations ; les terres incultes de la Sologne y sont très-propres ; elles sont couvertes, dans les lieux élevés, d'une bruyère courte, mêlée à une espèce de chardon appelé *Landier d'Europe* (1) ; dans les fonds d'une bruyère plus vigoureuse et quelquefois élevée de trois ou quatre pieds, elle est autrement connue sous le nom de brémailles. Pour les landes de la première espèce, le travail du défrichement est peu coûteux et la terre le paie promptement ; les racines très-multipliées du landier la divisent et la mettent en état de recevoir la semence après quelques labours qui suivent le premier défrichement à la charrue. Les landes de la seconde espèce ne peuvent être rendues à la culture qu'avec plus de dépenses et surtout plus de temps ; la terre ambre et froide demande des

(1) *Genista spinosa, ulex europeus.*

labours répétés et des engrais avant d'être ensemencée en blé, et elle est à peine en état de l'être au bout de deux ans; mais alors elle est plus productive et s'épuise moins promptement.

Les prairies ne réclament pas moins les soins du maître; on en trouve de toutes parts en Sologne, et particulièrement sur le bord des petites rivières. Souvent leur sol, formé de l'ancien lit de ces rivières ou creusé par les débordements dans ces parties que les pas des bestiaux ont amollies, reste inondé même quand le niveau des eaux s'est abaissé; des herbes marécageuses, la prèle, l'œnanthe, la fléchière, les joncs et les roseaux de toute espèce s'y multiplient. Dans les lieux plus élevés, ce fréquent passage des bestiaux couvre le terrain de cavités et de monticules; des tranchées pratiquées dans les fonds inondés, et quelques journées de travail employées au printemps à unir le sol, sont des dépenses d'entretien que l'état de ces prés nécessite; elles sont payées avec usure par l'abondance et la qualité des foins.

Ces diverses améliorations facilitent celle qui a pour objet les troupeaux et particulièrement les bêtes à laine. La race de ceux qui sont nourris dans les fermes de la Sologne n'est si faible que par le peu de soins de leurs maîtres, et par la mauvaise nourriture qu'ils en reçoivent au pâturage et à la bergerie. Ils respirent un air corrompu, et ne trouvent que des herbages malsains dans les champs où séjournent les eaux de la Sologne. Sans attribuer à ces eaux tous les effets que les habitants du pays les croient capables de produire (1), on peut assurer cependant qu'elles sont la cause de plusieurs maladies dont les troupeaux sont attaqués; et l'une de ces maladies, celle qui est connue sous le nom de pourriture, est due à deux plantes (2) qui croissent dans ces lieux marécageux.

Dans la bergerie, le sort des troupeaux n'est pas plus heureux : en été, les fourrages placés à quelques pieds au-dessus d'eux, la hauteur des litières entassées pendant des mois entiers, resserrent encore l'étroit espace où ils sont étouffés par la chaleur de leur toison et de leur haleine; la mauvaise construction des étables empêche de le rafraîchir. En hiver et dans les temps de neige, au retour du pâturage où ils n'ont eu pour nourriture que les sommités des bruyères, leur fourrage au bercail est un peu de paille de seigle, car on ne leur donne jamais de foin. Mais cette situation des troupeaux change quand la culture cesse d'être négligée. Les landes défrichées produisent des herbes plus saines; l'accroissement des récoltes permet d'augmenter leur nourriture, de renouveler plus souvent les litières, et les soins du

---

(1) Les habitants de la Sologne assurent qu'il est certaines eaux qui peuvent faire avorter les vaches quand elles les traversent. Aristote, dont l'autorité, très-respectable sous d'autres rapports, est peu imposante en histoire naturelle, donne de même un grand pouvoir aux eaux relativement à la génération : selon lui, les unes peuvent faire engendrer des mâles et les autres des femelles. (*De hist. animal.*, *lib.* 7, *cap.* 19.)

(2) Le *ros solis*, *rorella*, et une espèce de renoncule appelée grande douve, *ranunculus longifolius palustris*.

maître rendent leur habitation plus spacieuse et plus salubre. L'effet de ces changements est d'embellir la race du pays, si l'on veut la conserver, et d'aider à la naturalisation de la race espagnole pure ou mélangée.

Il est en Sologne d'autres objets de produit d'une grande importance, auquel un propriétaire intelligent peut beaucoup ajouter, ce sont les bois. Les jeunes taillis, qui devraient être défendus contre les bestiaux jusqu'à l'âge de 7 ans, sont souvent exposés vers 5 ans, à la dent des bêtes à laine, qui leur est particulièrement funeste. Une surveillance active donne plus de vigueur et une croissance plus rapide aux anciens bois; on en élève de nouveaux par les pépinières et les semis. Des terres sans valeur deviennent ainsi productives; elles se couvrent de verdure comme le sol défriché s'est couvert de moissons; l'agriculteur les contemple d'un œil aussi satisfait; il se plaît à voir le jeune arbre s'élever d'abord lentement, puis grandir avec rapidité, et, dans ses jets successifs, ajouter chaque année à l'ornement du paysage. Le mode de plantations par semis convient mieux à deux arbres que possède la Sologne, le bouleau et le pin. Pour les bouleaux, la nature le plus souvent en fait tous les frais; si quelques-uns de ces arbres, assez forts pour donner de la graine, se trouvent sur le bord d'une terre labourable, ils peuvent en un printemps peupler autour d'eux plusieurs arpents; le propriétaire alors n'a d'autres soins à donner à ce semis, que d'en fermer l'entrée aux troupeaux en l'entourant de fossés.

Ce même arbre peut servir à regarnir les vieux bois, en le plantant déjà fort et avec soin (1) au moment où ces bois viennent d'être coupés, il est assez élevé, lorsqu'ils sont hors de garde, pour n'être point atteint par les vaches. Il jette alors ses graines de toutes parts; quelques-unes lèvent dans les épines, dans les groupes de marsaules et de genêts, qui les défendent les premières années; ces jeunes plants végètent ensuite jusqu'à la prochaine coupe; alors recépés et joints aux nouveaux qui s'élèvent pendant les années de la garde, ils repeuplent le taillis.

Le bouleau conservé en futaie, sert au charonnage et à d'autres emplois; en coupe réglée on l'exploite en cercles; comme bois de chauffage, il est inférieur au chêne, cependant il lui est préférable à raison de ses coupes plus rapprochées.

Le pin prospère dans les plus mauvais terrains de la Sologne, dans ceux qui ne produisent pas même de l'herbe. Il se sème lui-même, ainsi que le bouleau,

(1) Pour réussir dans les plantations de Sologne, il faut donner peu de profondeurs aux trous qui y sont destinés; la couche de terre végétale étant très-mince, les racines de l'arbre placées trop bas ne rencontrent que la glaise. La largeur des trous, au contraire, ne saurait être trop grande; six pieds et plus suffisent à peine quand on plante dans un terrain en friche et surtout dans la bruyère. Il est nécessaire aussi que ces trous soient faits longtemps d'avance; la terre qui en est sortie est ainsi exposée aux pluies et aux influences de l'air; elles amollissent aussi celle qui forme le contour du trou, et la disposent à recevoir les racines.

et il a comme lui l'avantage d'une croissance rapide. A 8 ans il peut donner des charniers dans les semis trop serrés où on l'abat pour éclaircir la sapinière, et à 20 ans, l'arbre est assez fort pour servir en petites pièces de charpente ou en grosse corde à brûler. Comme il ne repousse pas sur souche, après l'exploitation on défriche la sapinière, et le terrain amélioré étant mis en culture donne de bonnes récoltes pendant quelques années.

D'autres arbres, tels que le châtaignier, le frêne, l'érable, l'aune, le peuplier, le straffion, le blanc de Hollande, le chêne, l'orme, le platane, peuvent être plantés dans la Sologne, en taillis, en arbres à haute tige, au bord des eaux, sur les coteaux ; et parmi les terres incultes qu'on y rencontre, il n'en est point, quelque stérile qu'il soit, qui ne convienne à l'un de ces arbres.

Que par la disposition de ses semis et le mélange de ses bois, l'agriculteur, en améliorant sa propriété, s'occupe aussi de l'embellir ; que dans ses plantations il se ménage la vue d'un coteau à l'extrémité de l'horizon, d'un édifice sur lequel l'œil s'arrête ; que de légers travaux débarrassent les pelouses de gazon des épines et des broussailles qui les défigurent, le canton deviendra un de ces grands jardins anglais, que dans d'autres lieux l'art ne parvient à créer qu'avec beaucoup de dépenses, et qui ici sont presque formés par la nature.

La pauvreté du sol inculte de la Sologne n'est point en effet une pauvreté hideuse, sa misère a sa beauté, et son abandon a sa grâce : du haut des coteaux il offre les aspects les plus pittoresques; un étang dont une prairie forme la ceinture, le taillis où les bouleaux par leur léger feuillage et leur écorce blanche contrastent avec les rameaux sombres du chêne, quelques arbres isolés, des génévriers élevés en pyramide; dans le lointain les clochers, les longs peupliers dessinés sur l'azur des cieux, y forment des paysages charmants. La maison du maître s'élève dans la plaine ou la domine sur le penchant du coteau. L'habitation est un bâtiment moderne avec ses murs de brique encore dans leur fraîcheur, ou le vieux manoir rembruni par le temps.

Ces demeures offrent le spectacle de la vie des châteaux, et l'offrent avec tout ce qu'il a de charmes. Dans le salon, les paniers à fruit, la serpe, la houlette du jardinage, paraissent çà et là au milieu du luxe de la ville. Les dessins des plus jolis sites du voisinage sont suspendus aux lambris; quelquefois le dessinateur en commence un autre; à travers son ébauche on se plaît déjà à reconnaître le ruisseau de la prairie et le pont tremblant qui joint ses bords. Sur la cheminée, le livre d'agriculture est placé près de la brochure nouvelle; l'état de ses feuillets annonce qu'il est aussi souvent visité qu'elle; les enfants eux-mêmes quittent pour lui leur livre de contes; ils ont aussi des innovations à faire dans la culture des pots de fleurs.

Les jardins présentent d'autres tableaux : le soin du parterre est confié à la maîtresse du château; tandis que son époux fertilise sa vaste terre, aimable ministre, elle travaille à l'embellissement de cet empire. C'est elle aussi qui réforme la routine du jardinier; le potager a ses nouveaux produits, le verger ses améliorations; grâce à l'habile intendante des jardins, l'office se remplit comme la grange. La famille la seconde dans sa surveillance. Si parmi elle il se trouve un nourrisson des Muses que les vacances ont attiré en Sologne, il n'y oubliera pas Virgile; souvent un passage des Géorgiques sera rappelé à son esprit par le jardin du château et aussi par l'enclos des abeilles, (1) car elles sont de même un produit de la Sologne.

La Sologne invite à une autre étude, celle de la botanique. Son sol inégal nourrit de nombreuses espèces de plantes; dans des excursions consacrées à leur recherche, tantôt on parcourt des bords marécageux, on franchit le ravin, on s'enfonce dans les bois; tantôt on escalade le coteau, on atteint à la partie la plus élevée, au plateau d'où l'œil découvre au loin l'attelage du laboureur, ses troupeaux errants, ses récoltes conservées en monceaux. A leur retour, les jeunes savants s'arment de la loupe de botaniste et consultent *la Flore*. Le livre scientifique est encore préféré au livre frivole.

Le propriétaire de ce domaine est-il venu y cher-

(1) Les abeilles sont un produit de la Sologne; mais leur miel, formé principalement de la fleur du blé noir et de celles de la bruyère, est bien inférieur à celui de la Beauce.

cher des délassements aux emplois et aux affaires? il y jouira de tous les amusements de la campagne. Les bois, les prés, les bruyères, peuplés de gibiers, procurent le plaisir des chasses diverses, les rivières et les étangs celui de la pêche. Des jouissances d'une autre espèce sont réservées à l'amateur de l'agriculture : les produits si multipliés de la Sologne, les changements qu'on peut leur faire subir, lui prodiguent ces jouissances dans toute leur variété. Quelle douce occupation pour lui de donner ses soins aux plus riants objets de la nature, de suivre dans leurs détails les essais qui leur sont appliqués, et de voir naître, croître et se développer ces témoignages de son industrie !

Si ses amis de la ville viennent le visiter, il leur montre avec orgueil les champs qu'il a rendus à la culture, la prairie, conquête de son art, les riches moissons dues à une savante méthode de labourage. Il compte avec eux les trésors que la récolte lui promet, quelquefois l'imagination les grossit, et le vieux fermier, s'il est présent à l'entretien, n'oublie pas d'en faire l'observation ; il n'abandonne pas sa routine, et sourit à ses calculs où les dépenses sont en réalités et les recettes en espérances.

La promenade est encore un des plaisirs de la campagne : les sites agréables de la Sologne lui donnent un attrait particulier: des tableaux variés s'y succèdent aux yeux des promeneurs. C'est la plaine coupée par les longues lignes des têtards; le coteau où la verdure des défrichements se mêle déjà à la teinte rouge des bruyères ; le taillis au milieu duquel de vieux pins lèvent leur tête pyramidale (1), derrière eux, une jeune sapinière étend son rideau sombre. C'est le ruisseau bordé de saules; le moulin et sa cascade; c'est enfin la chaumière entourée de ses accessoires champêtres. Quelquefois ce toit rustique renferme un enfant que sa marraine vient visiter : à la vue des parures de la ville, le chien accourt en grondant; le petit villageois s'effraie; il ressemble au pays qu'il habite, il est aimable, mais il est sauvage.

Dans d'autres promenades, la visite s'adresse à des hôtes différents : le curé, la providence du hameau, les protége; ministre d'un Dieu qui aime le pauvre et qui fait pour le riche un précepte de la pitié, c'est lui qui a enseigné le chemin du réduit habité par un ménage indigent. Le voyage a été un amusement; une bonne action fait aussi un plaisir de son but. La bienfaisance affable de la famille laisse un long souvenir dans cette demeure ; là les dons du châteaux trouvent rarement des cœurs ingrats.

L'habitant de la Sologne a été traité avec aussi peu d'équité que son pays ; ceux qu'une propriété, souvent plus onéreuse que profitable, a mis de mauvaise humeur ; des maîtres qui ne voyaient qu'une

---

(1) Quelques propriétaires sèment du gland avec la graine de pins ; comme le chêne s'élève très-lentement, il ne nuit point à la sapinière et la remplace quand elle est abattue. On laisse alors quelquefois les plus beaux pins au milieu de taillis, ils y sèment encore leur graine et embellissent le paysage.

terre de malédiction dans ces champs si peu productifs, n'ont vu aussi que le rebut de la nature dans le colon qui payait mal son fermage. Ces dispositions malveillantes ont été partagées par l'auteur d'un ouvrage, d'ailleurs instructif, qui a pour objet la Sologne ; il a peint sa population sous les traits les plus hideux. Des propriétaires moins prévenus reconnaîtront que ce tableau n'est point exact. On peut sans doute avoir à se plaindre du paysan de la Sologne quand il n'a que la rapine pour moyen d'existence ; mais il est doux et probe (1) lorsque des conditions trop onéreuses ne lui sont point imposées, et qu'il peut s'assurer sa subsistance et celle de sa famille. Du pain noir, du porc salé, du laitage, quelques boissons que donnent les fruits du pays et presque jamais de vin, voilà à quoi se réduit cette subsistance. S'il est pauvre, aidez-le donc dans sa pauvreté ; s'il jouit de quelque aisance, encouragez et secondez son industrie ; dans l'un et dans l'autre cas, il n'est pas exigeant ; voir des heureux autour de soi, c'est un plaisir qu'on peut se procurer à peu de frais en Solo-

(1) Les reproches qu'on adresse aux fermiers de la Sologne sous le rapport de la probité sont particulièrement dirigés contre ceux qui donnent à leur maître, au lieu de fermage, une part dans la récolte et dans le troupeau. Si ces reproches sont fondés, il faut peut-être en accuser ce mode de fermage. En effet, non-seulement il permet au fermier de commettre impunément des vols manifestes, mais il lui fournit sans cesse l'occasion de fraudes indirectes et de larcins déguisés; qu'on établisse le fermage à moitié en Beauce, et l'on verra si ses riches laboureurs donneront moins de sujet de plaintes à leurs maîtres que les pauvres métayers de la Sologne.

gne. Le caractère des habitants de ce pays, loin d'être compté au nombre des inconvénients de sa possession, doit donc au contraire être ajouté aux nombreux avantages qu'elle présente.

Puissent les propriétaires qui savent les apprécier, continuer sur ce sol les travaux qui ont pour but son amélioration! puissent les succès qu'ils obtiennent encourager d'autres essais! Partout l'agriculture se perfectionne; qu'ils jouissent aussi de ses triomphes! et que la Sologne puisse voir disparaître à la fois ses routines et ses misères!

Orléans. — Imprimerie de Constant ainé.

www.ingramcontent.com/pod-product-compliance
Lightning Source LLC
Chambersburg PA
CBHW070529050426
42451CB00013B/2916